CHEV[ALIE]R M. DE MONTMIRAIL. B. er J. A. d. R. Ne A PAR Jean Sebastien M. de DECAVOT
Non tu Corpus eras sine Pectore: Sed ubi merum
Cum formâ dederat, Natura benignior, ore
Non mentita, Virum, qualem te futuræ mihi,
At cito raptus, eris toto mihi flebilis ævo
De soucy. 1766
J. M. Fredou Pinxit
Car. Gaucher Sculpsit 1766.

ÉLOGE

HISTORIQUE

DE

M. LE MARQUIS

DE MONTMIRAIL,

Mis à la tête du dixiéme volume des Mélanges intéressans & curieux, par M. DE SURGY.

A PARIS,

M. DCC. LXVI.

ELOGE

HISTORIQUE

DE

M. LE *MARQUIS*

DE MONTMIRAIL,

*Brigadier des Armées du Roi ;
Honoraire de l'Académie des
Sciences, &c ;*

*Mis à la tête du dixiéme volume des Mêlanges
intéreſſans & curieux, ou Abrégé d'Hiſtoire
naturelle, civile, morale & politique de
l'Aſie, de l'Afrique, & des Terres polaires.*

L'INTÉRÊT que M. le Marquis
de Montmirail prenoit à cèt ou-

vrage ; l'amitié dont il m'honoroit ; la place diftinguée qu'il occupoit dans la république des lettres : tels furent les motifs qui
m'engagerent à jetter à la hâte,
au moment de fa mort, quelques
fleurs fur fon tombeau (*a*). Mais,
plus attaché à fuivre les mouvemens de mon cœur, qu'à con-
fulter l'hiftoire de la vie du bien-
faiteur éclairé dont les fciences
& les arts pleuroient la perte , je
me preffai de faire ufage des faits
dont j'avois été témoin, & je ne
pus tracer qu'une efquiffe légère.
J'ofe effayer aujourd'hui de remplir, avec plus d'étendue & plus
d'exactitude, un devoir que l'attachement & la reconnoiffance

––––––––––––––––––––––––––––––

(*a*) Par une lettre du 16 décembre 1764,
adreffée à l'Auteur de l'année littéraire, in-
férée dans la feuille, No. 39, page 275.

me rendront toujours infiniment précieux : puis-je me flatter que ces sentimens me mériteront quelque indulgence? Pour faire l'éloge de M. de Montmirail, il ne faut que le faire connoître, & le montrer dans tous les âges de sa vie. Et s'il m'est permis de former, pour le succès de cet écrit, des vœux que la plus austere modestie ne peut désavouer, c'est, qu'à la faveur du nom que j'y célébre, il passe à la postérité ; & que, dans tous les temps, nos neveux puissent y prendre des leçons de vertu, de sagesse & de bienfaisance.

CHARLES - FRANÇOIS - CÉSAR LE TELLIER, Marquis de Montmirail, Brigadier des armées du Roi, Chevalier de l'ordre Royal

& militaire de saint Louis, Capitaine, Colonel de la compagnie
des Cent-Suiffes de la garde ordi-
naire du Roi, Meftre de camp du
Régiment Royal-Rouffillon, cavalerie, naquit à Paris le 11 fep-
tembre 1734 de François - Céfar
le Tellier, marquis de Courtanvaux, capitaine, colonel des
Cent-Suiffes de la garde du Roi,
& de Louife - Antonine de Gontaut de Biron, fille de François-
Armand de Gontaut, Duc de
Biron, Pair de France (*a*).

(*a*) M. de Montmirail, du côté paternel,
a eu pour aïeul François Macé le Tellier, capitaine, colonel des Cent-Suiffes, & meftre
de camp du régiment d'Anjou, décédé en
1719, & pour mere Anne-Louife de Noailles, fœur de M. le maréchal de Noailles, mariée en fecondes nôces à Jacques-Hyppolite,
marquis de Mancini, prince Romain, noble
Vénitien, frere de M. le duc de Nevers.

François Macé le Tellier étoit fils, ainfi
que Louis-Céfar le Tellier, aujourd'hui ma-

Je passerai rapidement sur les premieres années de sa vie ; el-

---

réchal de France , & duc d'Estrées , de Michel-François , marquis de Courtanvaux, capitaine, colonel des Cent-Suisses , & de Marie-Catherine - Anne d'Estrées , sœur de Victor-Marie d'Estrées , maréchal & vice - amiral de France.

Michel-François le Tellier étoit né du célèbre François-Michel , marquis de Louvois , ministre de la guerre sous Louis XIV , & d'Anne de Souvré , fille & petite-fille des maréchaux de Souvré , premiers gentilshommes de la chambre du Roi.

François-Michel le Tellier , marquis de Louvois , étoit fils de Michel le Tellier , chancelier de France , & d'Elisabeth Turpin.

Du côté maternel , M. de Montmirail avoit pour aïeuls Charles-Armand de Gontaut de Biron , pair de France , mort doyen des Maréchaux de France , & Marie - Adelaïde de Grammont , fille d'Antoine de Grammont , duc & pair & maréchal de France.

Victor-Marie d'Estrées , maréchal & vice-amiral de France , oncle de M. le maréchal d'Estrées , n'ayant point laissé de postérité , il a eu pour héritiers la marquise de Courtanvaux, femme de Michel-François le Tellier , & Elisabeth-Rosalie d'Estrées , appellée Mademoi-

les furent occupées par ſes études ; mais je dois faire remar-
quer que les diſpoſitions les plus
heureuſes pour les ſciences ſe
montrerent chez le jeune marquis de Cruſy : c'eſt ainſi que s'ap-
pelloit alors M. de Montmirail,

ſelle de Tourbes, morte fille. Il s'enſuit de-là
que la maiſon d'Eſtrées eſt aujourd'hui fondue
dans la branche aînée de la maiſon de le Tellier.

Rappellons ici un trait de courage, auſſi précieux aux lettres, qu'honorable à la mémoire
de ce grand-oncle de M. de Montmirail, mort
en 1737. Sans lui, la France pleureroit aujourd'hui la honte d'avoir commis une injuſ-
tice envers Monteſquieu. Dans un temps où
ce génie immortel étoit près d'être la victime
de la calomnie & de la ſuperſtition, M. le maréchal d'Eſtrées ſe conduiſit en courtiſan vertueux & d'une ame vraiment élevée. Il ne
craignit ni d'abuſer de ſon crédit, ni de le
compromettre ; il ſoutint ſon ami, & juſtifia
Socrate [a].

---

[a] Eloge de Monteſquieu à la tête du cinquié-
me volume de l'Encyclopédie & de l'Eſprit des
Loix, par M. d'Alembert.

en même temps que fe dévelop-
poit le caractere le plus aimable.
Il fut l'objet de la prédilection de
fes maîtres, fans en être moins
chéri de fes compagnons d'étude.
Sa modeftie, fa douceur capti-
voient leur attachement au point
qu'ils voyoient, non feulement
fans murmure, fans jaloufie, les
préférences que lui procuroient
fes talens, & fes vertus naiffan-
tes, mais que tous convenoient
qu'il les méritoit, & lui en
accordoient eux-mêmes. Ils lui
adreffoient des vers latins & françois, qui étoient autant d'hom-
mages à fes belles qualités, &
qui lui attiroient encore de nouveaux éloges, par l'embarras, par
la modeftie & la reconnoiffance
avec lefquelles il recevoit ces
petits ouvrages. C'étoit, parmi
les jeunes gens de fon âge, un

privilége digne d'envie , que
d'être l'ami du jeune Crufy , &
on ne le devenoit qu'avec peine:
non qu'il fût haut ou dédaigneux,
mais parce qu'il mettoit dans fon
choix autant de délicateffe que de
circonfpection.

Quelle que fut la complaifan-
ce de fes inftituteurs , elle n'alloit pas jufqu'à le laiffer difpofer
de fon temps d'une maniere fri-
vole ou inutile; elle confiftoit feulement à fermer les yeux fur l'em-
ploi qu'il faifoit des momens qui
lui reftoient après avoir rempli
fes devoirs. Connoiffant dès-lors
tout le prix de fes loifirs , il ne
les perdoit pas à des jeux, il les
donnoit à la lecture des meilleurs
livres en tout genre ; ou plutôt il
dévoroit ces livres avec avidité.
Il commençoit à fe faire une bi-
bliothèque choifie ; & fon goût,

en ce point , avoit été auſſi pré-
coce que ſes autres talens.

Tacite , ce peintre ſi expreſſif
des mœurs ; Polybe , l'écrivain
le plus ſçavant dans l'art militaire, dont l'antiquité nous ait tranſ-
mis les ouvrages ; Pline, qui n'é-
tonne pas moins par ſon ſtile ma-
jeſtueux que par la variété de ſes
connoiſſances ; tels étoient les
auteurs favoris de M. de Montmirail ; il les liſoit fréquemment ;
il les méditoit avec une attention
au-deſſus de ſon âge ; c'étoient
là ſes récréations. Ainſi, des momens dérobés à ſes amuſemens ,
lui ménageoient d'avance des reſ-
ſources précieuſes pour lui - même, & pour les grands emplois
auxquels il étoit deſtiné par ſa
naiſſance.

Cette occupation étrangere aux
études preſcrites dans les collé-

ges, ne l'empêchoit pas cependant d'obtenir les premieres places, & de remporter des prix de tout genre : preuve remarquable de l'heureux génie dont il étoit doué, & de la facilité avec laquelle il l'étendoit avec un succès égal à toute forte d'objets.

L'étude de la philosophie suivit celle des humanités ; mais il ne prit que du dégout pour la logique. M. de Montmirail avoit eu d'abord pour préfet le P. Merville, juftement en réputation, par fes connoif-fances profondes dans les mathématiques. Ce fçavant inftituteur, avoit jetté dans l'efprit de fon élève, les premieres femences de cette juftefle de raifonnement & de principes, qui, en fe développant avec l'âge, l'éleverent toujours au-deffus de fes émules;

& lui firent bientôt sentir qu'on
pouvoit raisonner juste sans en
étudier l'art, & sans cette forme
de l'école, qui sert peut-être
moins à découvrir la vérité, qu'à
en donner l'apparence à l'erreur.

Le P. de la Tour, qui a mon-
tré tant d'habileté à connoître les
hommes, & à régir la jeunesse
rassemblée dans ce college fa-
meux, alors l'école de presque
toute la noblesse de l'Europe,
aimoit beaucoup M. de Montmirail, & se plaisoit à lui faire
soutenir des thèses en sa présen-
ce. Mais le jeune logicien, peu
satisfait de la préférence, se dis-
pensoit de cette tâche, le plus
souvent qu'il pouvoit, & sous
différens prétextes. Son nouveau
préfet, qui étoit le P. Delasalle,
en porta des plaintes au Princi-
pal ; le P. de la Tour lui répondit

en préfence de tous les étudians
de logique & de phyfique : *laiffez
le faire, il aura un jour la tête
des le Tellier ; il eft d'une bonne
race, il nous fera honneur : vous
voyez,* ajouta-t-il, *ce qu'on dit* *
*de M. de Gifors. J'ai tou-
jours prédit qu'il feroit quelque
jour un grand homme ; je ne me
fuis pas trompé : ainfi ayez foin
de votre élève, P. Delafalle, &
ne vous en inquiétez pas.*

Les années n'apporterent aucun changement dans les goûts
de M. de Montmirail, & on ne
le vit jamais fe livrer aux plaifirs
bruyans qui ont tant d'attraits
pour l'adolefcence. Il ne lui fal-
loit que des amufemens férieux
& tranquilles ; il les cherchoit
dans des livres de phyfique & de

---

* En-1750.

voyages, dans des observations d'histoire naturelle, dans des ouvrages de mœurs & de caracteres, dans tous ceux qui devoient le rendre un jour bon citoyen, littérateur habile, ami véritable & homme vertueux ; en un mot, M. de Montmirail étoit philosophe longtemps avant que d'avoir atteint l'âge où l'on commence à être homme. Il sembloit que, par un privilége singulier de la nature, toutes ses facultés intellectuelles eussent acquis déjà le degré d'énergie dont elles étoient susceptibles, & que l'activité de son ame fût indépendante des organes de son corps.

Ses études finies, M. le marquis de Montmirail, âgé de dix-sept ans, commença sa carriere militaire en entrant dans la premiere compagnie des Mousquetaires. Quelque nouveau que fût pour lui ce genre de vie si différent du premier, il y montra la même solidité d'esprit, le même attachement à ses devoirs.

Il n'avoit, à proprement parler, point eu d'enfance; il n'eut pas plus de jeunesse: c'est-à-dire, que ces premiers momens de la vie, dont on ne voit que trop communément la plupart des hommes faire un usage pernicieux, lorsque la fougue des passions leur fait mépriser également & le cri de la raison & la voix du devoir, furent aussi précieux à M. de Montmirail, & ne lui procurerent pas moins d'avantages que le temps de ses études. Les vuides que lui laissoit son service, & que si rarement les jeunes militaires sçavent enlever à la dissipation, il les remplissoit

pliſſoit par une application conſ-
tante à s'inſtruire dans toutes les
parties néceſſaires à un bon officier.

Après avoir ſervi près de quatre ans dans les Mouſquetaires
avec la plus grande ſatisfaction
de ſes ſupérieurs, le Roi lui ac-
corda l'agrément de la charge de
capitaine-colonel des Cent-Suiſſes de ſa garde, dont M. ſon pere
ſe démettoit en ſa faveur. Il y fut
reçu le 28 novembre 1754; & le
lendemain, il obtint une com-
miſſion de colonel d'infanterie,
en vertu de laquelle il pût être
employé, lorſque la compagnie
des Cent-Suiſſes, qui ne quitte
jamais la perſonne du Roi, ne
ſerviroit pas à l'armée.

Bientôt en effet il eut occaſion
de faire une campagne. Graces
aux ſoins qu'il s'étoit donnés pour

B

acquérir les comoiffances nécef-
faires à la profeffion des armes ;
il parut dans cette carriere avec
tous les avantages qui l'avoient,
pour ainfi dire , précédé & conf-
tamment fuivi. Il eut le plaifir de
voir les militaires les plus expé-
rimentés applaudir à fes premiers
efforts , & y reconnoître déjà la
marque du génie.

M. le maréchal d'Eftrées eut le
commandement de nos troupes
en 1757. M. de Montmirail ,
fon neveu , connoiffoit les talens
de cet habile général , autant par
la grande réputation dont il jouiffoit , que par les entretiens habi-
tuels qu'il avoit avec lui. C'eft
alors que l'oncle prenoit plaifir à
répandre fes lumieres dans l'ame
de fon neveu , & à la former fur
le modele de la fienne. Tel on
nous repréfente le fage & fça-

vant Chiron , inspirant par ses leçons , le courage & la vertu , à ce jeune héros qui devoit faire un jour la terreur de Troye & l'admiration de la Grèce.

M. de Montmirail s'empressa d'aller apprendre le grand art de la guerre sous un parent, sous un maître , dans la tendresse & l'habileté duquel il étoit sûr de trouver les préceptes joints aux exemples. Il le suivit en qualité d'aide-de-camp : c'est là qu'il s'occupa avec attention à joindre la pratique à la théorie , à faire l'application des régles aux événemens. Les marches sçavantes du général étoient l'objet de ses études ; il en admiroit la prudence ; il en pénétroit les motifs ; il devinoit même avec justesse les nouveaux ordres qu'il alloit recevoir. M. le maréchal avoit , en la personne

de fon neveu , tout jeune qu'il
étoit , non feulement un aide-de-
camp , dont l'activité ne laiffoit
rien à defirer , mais encore un
officier fage & intelligent fur le-
quel il auroit pu fe repofer pour
les cas imprévus. Un trait bien
honorable à la mémoire de ce
jeune guerrier , c'eft que , dans
le temps même qu'en parcourant
les rives du Wezer , fa préfence
déconcertoit les projets des ennemis ; il s'attiroit leur admiration , l'eftime de M. le duc de
Cumberland leur général , &
des éloges de toute notre armée.

Voyons - le dans les plaines
d'Hafteinbeck. L'habileté , la fa-
geffe des difpofitions du général
n'échapperent point à fa pénétra-
tion ; il prévit leur fuccès. Elles
triompherent en effet des efforts
des ennemis & de tous les obfta-

cles qui avoient balancé le gain de la bataille. M. le Maréchal avoit vu l'incertitude ; il appella la victoire & la força de se déclarer pour la France. Méprisant les dangers dont il étoit environné , ainsi que son neveu qui l'accompagnoit toujours , on le vit par-tout où l'exécution de son plan rendoit sa personne nécessaire pour rétablir l'ordre, & assurer la fin glorieuse de cette journée. M. de Montmirail , de son côté , partageant l'intrépidité qu'il admiroit , se livroit à toute son ardeur , & portoit avec une activité propre à servir d'exemple , non seulement les ordres , mais encore l'esprit & les vues du général.

L'intelligence , la valeur d'un bon officier ne furent pas les seules qualités qu'il fit admirer dans le service militaire. Des circonstances exigerent de lui plusieurs fois des soins d'un autre genre. Il fut employé à des détails intéressans, à des négociations secrettes & difficiles, à d'autres commissions délicates qui auroient demandé une prudence consommée & une longue expérience. Le succès & les applaudissemens l'accompagnerent partout : & quoiqu'à peine âgé de vingt-quatre ans, on n'eût à lui reprocher ni précipitation ni légéreté. Ses talens & sa conduite réfléchie firent toujours illusion sur son âge , & suppléérent avantageusement les années qui lui manquoient.

Au mois de juillet 1758 , le Roi nomma M. de Montmirail mestre - de - camp du régiment Royal - Roussillon , cavalerie.

Son début, dans ce corps, ne fut ni celui d'un seigneur fier des avantages d'une haute naissance, & plein de la supériorité attachée à sa nouvelle dignité, ni celui d'un jeune homme présomptueux & leger, qui porte partout un esprit de réforme & le goût des nouveautés. Il s'annonça avec beaucoup de modestie [a], une grande politesse,

---

[a] Les détails qui suivent, ont été donnés par M. de Changey, major du régiment Royal-Roussillon. Voici comment il s'explique dans une lettre approuvée par tous les officiers de ce corps, du 9 avril 1765. „ Je „ desirerois bien de pouvoir tracer la vie mi- „ litaire de M. de Montmirail, mon ancien „ colonel; le sujet est beau à traiter, & „ on conservera long-temps dans son régi- „ ment le souvenir des semences de vertu & „ d'honneur qu'il y a laissées; mais mon es- „ prit ne pourra jamais rendre ce que mon „ cœur & mes sentimens pour lui me dicte- „ roient. Cependant, je vais essayer de don- „ ner, par des faits, une idée des qualités de

& fur-tout avec une noble fami-
liarité qui n'avoit rien d'égal que
la douceur qui en étoit la fource.
Quoiqu'il eût reçu, d'un grand
maître, les premieres leçons de
l'art militaire, il craignit d'en
faire une fauffe application, &
ne fe conduifit jamais que par les
confeils des chefs de fon état-
major. Le régiment Royal-Rouffillon, qui avoit été extréme-
ment maltraité à la bataille de
Crewelt, étoit repaffé en France ; les foins & l'attention que
fon jeune colonel fe donna pour
procurer à ce corps tous les fe
cours qu'il pouvoit defirer pour
fon rétabliffement, lui gagnerent

,, fa belle ame ; de dire par quels moyens il
,, avoit gagné tous les cœurs , même ceux des
,, cavaliers , & avoit établi dans fon régiment
,, un des meilleurs efprits qui foient dans les
,, troupes du Roi.

la confiance & l'attachement des officiers dont il paroiſſoit être le camarade plutôt que le chef, & le firent adorer des ſoldats qu'il traitoit en pere.

Cette circonſtance, & la retraite de M. le maréchal d'Eſtrées, retinrent M. de Montmirail pendant deux ans, & l'empêcherent de cueillir de nouveaux lauriers.

Ce ſeroit peut-être ici le lieu de peindre les qualités eſſentielles de ſon cœur, les graces aimables, les charmes ſéduiſans de l'eſprit qu'il porta dans la ſociété, & la vivacité du goût qu'il montra toute ſa vie pour les lettres & les ſciences.... Mais ce tableau intéreſſant ſe préſentera naturellement après l'hiſtoire de ſa vie militaire. .... Suivons-le encore aux champs de Mars, où l'ambition de fe diftinguer de plus en plus lui faifoit fouhaiter ardemment de retourner. M. le maréchal d'Eftrées lui en ouvrit de nouveau la route en 1761 , lorfqu'il prit le commandement général de l'armée. Son neveu le fuivit avec le zèle & l'activité qu'il avoit déjà fait éclater ; il eut part à toutes les opérations qui fe firent auprès du général ; il auroit même defiré qu'aucune affaire ne fe fût paffée fans lui. Son régiment étoit, au mois de juillet 1762 , dans un endroit affez éloigné du quartier-général. Il preffentit qu'il pouvoit y avoir une action ; il fit auffitôt, auprès de M. le Maréchal, les plus vives inftances pour obtenir la liberté de s'aller mettre à la tête de ce corps. Elle lui fut refufée d'abord ; il ne fe rebuta pas , & continua ses sollicitations. Il fallut que l'oncle changeât les raisons qu'il donnoit à son neveu, en un ordre précis du général, de demeurer à son poste, où il étoit encore plus utile pour le service du Roi.

La maniere distinguée avec laquelle M. de Montmirail avoit servi, méritoit une récompense; elle lui fut accordée par le brevet de brigadier des armées dont le Roi l'honora le 25 juillet 1762, & par la croix de saint Louis qu'il obtint à la fin de la même année; il avoit alors vingt-huit ans. Qu'il est glorieux de se voir à cet âge revêtu d'un grade qui est, ou le prix des grands talens, ou le fruit des longs travaux ! mais qu'il est plus flatteur & plus satisfaisant encore d'avoir mérité cette faveur, & de recevoir, avec les

félicitations de ſes amis , les ap-
plaudiſſemens univerſels.

Les préliminaires de la paix
ayant été ſignés le 3 novembre
1762 , ce fut là le terme de la
carriere militaire de M. de Montmirail. Le bien de l'état exigeoit
une réforme rigoureuſe ; elle
s'exécuta l'année ſuivante , & lui
procura de nouvelles occupations. On faiſoit tant d'eſtime à la
cour de ſon zèle pour le ſervice ,
de ſes lumieres & de ſon équité,
qu'il n'y eut point d'inſpecteur
nommé pour faire la réforme de
ſon régiment ; lui ſeul fut chargé de ce travail. Forcé par les
circonſtances de dépouiller d'an-
ciens officiers de leurs emplois,&
de les renvoyer au ſein d'une
famille qu'ils avoient épuiſée, en
ne leur montrant les graces & les
récompenſes que dans le loin-

tain ; obligé de congédier des
foldats couverts de bleffures &
d'infirmités , fans qu'il fût poffible de les admettre à l'hôtel des
Invalides déjà trop furchargé ;
prépofé pour mettre de l'ordre
dans les finances délabrées d'un
corps , & pour trouver le moyen
de payer l'officier & le foldat ré-
formés qui n'avoient pas de quoi
fe conduire , & dont on avoit
employé les fonds aux befoins
les plus preffans pendant la guerre ; chargé d'établir un nouveau
plan d'adminiftration & de choi-
fir les fujets les plus capables
de remplir les différens emplois que la cour leur deftinoit
par fa nouvelle ordonnance ; tous
ces objets qui l'euffent attendri
fur le fort des malheureufes vic-
times de la néceffité , s'il n'eût
confulté que fon titre de colonel

& la bonté de son cœur, lui procurerent une nouvelle occasion de
déployer ses talens & de montrer
les ressources que lui fournissoit
son génie. Uniquement occupé
de la confiance que le Roi lui
marquoit, M. de Montmirail ne
s'attacha qu'à accorder son devoir avec la justice. Toutes ses
opérations se firent sans avoir
égard ni aux sollicitations, ni à
la protection ; & cependant personne ne se plaignit de son traite-
ment. Son plan fut applaudi uni-
versellement : le ministre lui man-
da qu'il avoit été regardé comme
un des meilleurs qui eussent paru.

Cette réforme, pour avoir été
exécutée avec le plus grand succès, ne mit pas fin encore aux
travaux de M. de Montmirail. Il
continua de rester à son régiment
pour y affermir le nouveau genre

de service que la cour avoit adop-
té, & pour y porter la discipline
au plus haut degré de perfection,
en inspirant à tout le monde le
goût de son devoir par le bon
exemple & par la douceur avec
laquelle il en faisoit sentir l'obligation. Sa grande ame ne dédai-
gnoit pas les plus petits détails ; il
visitoit fréquemment tous ses cavaliers ; il écoutoit leurs repré-
sentations ; leur rendoit la justice
la plus exacte, & tous les services
qui dépendoient de lui : il leur par-
loit avec une bonté qui les enchaînoit & le faisoit adorer uni-
versellement [a]. Il s'appliquoit

---

[a] Dès qu'on eut appris dans le régiment
Royal-Roussillon , que l'éloge de M. de Montmirail avoit été lû à la rentrée publique de
l'académie des sciences , MM. les officiers écri-
virent à cette compagnie , pour la prier de
leur en faire passer plusieurs exemplaires ; &

auſſi à la lecture des ordonnances ; il envoyoit ſouvent des
mémoires au miniſtre pour pro-
poſer des moyens d'adminiſtra-
tion plus ſimples, ou des projets utiles au bien du ſervice. On
peut juger du cas qu'on en faiſoit
à la cour par les approbations
qu'il en a reçues, & par l'uſage
qui a été fait de ſes projets, dans
les ordonnances & dans les inſ-
tructions particulieres qui ont
été envoyées depuis, aux officiers
ſupérieurs de ce régiment.

Après avoir donné preſque tout
le temps de ſon ſémeſtre à ces nobles occupations, on le vit re-

____

c'eſt à leur conſidération que l'académie l'a
fait imprimer ſéparément. Cet empreſſement,
de la part d'un corps entier, fait beaucoup
d'honneur aux ſentimens de ſes membres, &
devient un nouveau témoignage des belles qualités que poſſédoit ſon colonel.

prendre, à l'académie Royale des
fciences, des fonctions d'un autre genre, & il ne s'en acquitta
pas moins fupérieurement. Il
avoit été reçu au commencement
de 1761, à la place d'honoraire,
vacante par la mort de M. de Sé-
chelles. La même douceur de
caractere, qui avoit rendu M. de
Montmirail fi cher aux militaires, lui attira le cœur de tous les
académiciens. Le Roi le nomma
vice-préfident en 1762, & préfident en 1763. Il n'eft pas aifé de
dire avec quelle facilité il fe fut
bientôt mis au fait d'un genre de
gouvernement fi nouveau pour
lui, & fi différent de tous ceux qu'il
avoit exercés. » Cependant, ja-
» mais l'académie, dit l'hiftorien
» de cette compagnie, n'a été
» plus fagement conduite que par
» ce préfident de vingt-neuf ans,

C

» qui ne la connoiſſoit que depuis
» trois années, dont il avoit em-
» ployé la plus grande partie à ſes
» campagnes. Il avoit pénétré
» tous les intérêts de ce corps; il
» en connoiſſoit tous les mem-
» bres, & il ne s'occupoit que
» des moyens d'y entretenir la
» noble émulation qui en eſt l'a-
» me, & d'éloigner tout ce qui
» pouvoit en retarder les tra-
» vaux, ou en refroidir l'ardeur.
» C'eſt à lui qu'on a l'obligation
» d'avoir engagé MM. de La-
» lande, Tillet, le Roy & Be-
» zout, à ſe charger de la rédac-
» tion de quatre années de notre
» hiſtoire pour accélérer la pu-
» blication de nos volumes, que
» diverſes circonſtances avoient
» retardée ». Il méditoit encore des arrangemens plus avanta-
geux; &, ſur l'extrême confian-

ce que l'académie avoit prife en
lui, elle le laiffoit maître de ces
difpofitions, bien fûre qu'elle ne
pouvoit en attendre qu'une heureufe réuffite ; en un mot, il
jouiffoit dans cette république
fçavante, fi jaloufe de fa liberté,
d'une forte de dictature uniquement fondée fur l'eftime & l'amitié qu'il s'y étoit acquifes.

Qu'il me foit permis d'inter-
rompre un moment le récit de la
vie de M. de Montmirail, pour
rappeller ici l'heureufe époque
où j'en avois été connu, & pour
parler du genre de travail auquel
il avoit la bonté de m'affocier.
En même temps qu'il fe faifoit
aimer & eftimer de l'académie
des fciences, les confeils dont
il m'honoroit, les bienfaits littéraires dont il m'enrichiffoit, ex-
citoient en moi le plus vif atta-

chement, m'infpiroient la plus profonde reconnoiffance. J'avois eu l'honneur de le connoître en 1761 ; ma jeuneffe , ma bonne volonté l'intérefferent ; l'amour du travail , peut - être quelque conformité entre fes goûts & les miens l'avoient porté d'abord à me faire l'accueil le plus obligeant ; bientôt après il m'honora d'une amitié particuliere. Nous paffions enfemble plufieurs heures , occupés à traduire, de l'allemand, des morceaux d'hiftoire naturelle, ou à comparer ceux que nous avions traduits féparément, & je dois avouer que fa traduction fervoit fouvent à rectifier la mienne. . . . . Suivons l'hiftoire de fa vie : celle de fa bienfaifance y eft liée trop étroitement pour qu'elle foit oubliée.

M. de Montmirail étoit fils

unique [a]. La paix, qui l'avoit rendu à une vie tranquille, à ses

---

[a] C'est-a-dire seul garçon. M. de Montmirail laisse une sœur mariée à M. le duc de Villequier, second fils de M. le duc d'Aumont, qui est dame d'honneur de Mesdames. Il est si beau & si rare à la fois d'avoir à présenter des modeles dans la pratique de la vertu, que je crois ne devoir pas manquer ici l'occasion de faire connoître cette digne sœur de M. de Montmirail, femme aussi aimable par les qualités de son esprit, que respectable par celles de son cœur. A la cour, où la force de la vérité peut seule arracher des louanges, le nom de madame la duchesse de Villequier n'est prononcé qu'avec éloge, qu'avec vénération. A la ville, elle est adorée de tous ceux qui ont le bonheur de la connoître. Personne n'a pu voir, sans une crainte mêlée d'attendrissement, que cette Dame, qui avoit déjà à combattre fréquemment les incommodités d'une santé délicate, ait eu à essuyer, dans l'espace d'an an, la douleur de voir mourir un frere qu'elle aimoit tendrement, dont elle étoit aimée de même, & la perte d'une fille chérie, âgée de sept ans, qui donnoit déjà les plus grandes espérances. Le plaisir & l'admiration ont succédé à la crainte, lorsqu'on l'a vue, avec le cœur le plus sensible à des circonstances si affli-

parens, leur fit fouhaiter qu'il en profitât pour donner des héritiers de fon nom, & des fucceffeurs à la maifon dont il faifoit toute l'efpérance. Il connoiffoit depuis quelque temps Madame la marquife de Lanmary, veuve du marquis de ce nom, guidon de gendarmerie, fille de M. le comte

geantes, trouver dans fa religion, dans elle-même des reffources contre l'accablement qui faifoit trembler pour fes jours, & qui ont donné lieu de joindre à l'éloge de fes vertus, celui d'une réfignation & d'une fermeté d'ame exemplaires. Il eft vrai auffi que la tendreffe de M. le duc de Villequier pour une femme fi digne d'attachement, les foins qu'il s'eft donnés pour ménager fa fenfibilité, & pour l'exciter fur les objets précieux qui lui reftent encore, n'ont pas manqué d'être pour Madame de Villequier une confolation d'un grand prix. Cette conduite de M. le duc de Villequier fuffiroit pour faire l'éloge de fon ame & de fes fentimens, s'il n'étoit déjà connu par fon affabilité, par la douceur du caractere & par un efprit éclairé qui l'attache à fes devoirs, de Bretonvilliers & d'Adelaïde-Françoife de Chertemps de Seuil. L'eftime & l'amitié qu'ils s'étoient infpirés mutuellement, leur fit defirer d'en refferrer les nœuds par le mariage. Il fut célébré le 20 juin 1763 ; jamais union ne fut plus douce & plus tendre. La naiffance d'une fille y ajouta de nouveaux charmes l'année fuivante. M. de Montmirail étoit fi flatté du bonheur dont il jouiffoit, dit M. de Fouchy, » que peu de jours avant » que l'académie fe féparât pour » les vacances de 1764 , il » m'en faifoit encore confidence » dans les termes les plus tou- » chans «. N'étoit-ce pas mériter ce bonheur que de fçavoir fi bien le fentir.

L'académie reprit fes fonctions à la faint Martin fuivante.

M. de Montmirail ne manquoit aucune des aſſemblées , & ſa préſence y répandoit toujours le même agrément , la même ſatisfaction que ſa réception y avoit apportée. Cette compagnie ignoroit hélas ! qu'elle touchoit au moment de perdre pour toujours le plaiſir de le voir , & que ce Seigneur , à peine au milieu de ſa carriere, n'étoit plus ſéparé de ſon terme fatal que par l'intervalle de quarante jours.

La ſéance du 17 novembre fut la derniere à laquelle il aſſiſta. Peu de jours après , il eut une indiſpoſition d'abord aſſez legere ; mais , au commencement de décembre , une fiévre maligne ſe déclara. Les ſecours les plus prompts , les ſoins les plus aſſidus furent inutilement employés à conſerver ſes jours ; le mal l'emporta fur l'art & fur la nature. M. de Montmirail avoit mené une vie exempte d'orages & d'inquiétudes ; celle d'un fage fans paffions. Sa fin ne fut pas différente ; ce fut celle d'un philofophe chrétien. Après avoir rempli les devoirs de la religion avec la piété la plus édifiante & la réfignation la plus parfaite, il mourut le 13 décembre 1764.

S'il eft vrai que l'accord des avantages extérieurs avec les qualités de l'ame produife cette harmonie d'où réfultent les graces & la véritable beauté ; perfonne ne fera furpris que M. de Montmirail ait poffédé au plus haut degré le don de plaire & de prévenir en fa faveur. Il étoit grand, bien fait ; il portoit les traits les plus agréables, la figure la plus heureufe. Son regard, fa phy-

fionomie, tout fon maintien an-
nonçoit la douceur; elle fe mon-
troit de même dans fa conver-
fation, avec un enjouement d'autant plus aimable qu'il étoit na-
turel. L'égalité de fon ame étoit
telle que perfonne ne fe fouvient
de l'avoir jamais vue troublée.
Cette férénité, répandue dans fes
yeux & fur fon vifage, fembloit
demander affectueufement à tous
ceux qui l'abordoient l'occafion
de les obliger. Si quelquefois il
étoit forcé par les circonftances
de donner des marques de mé-
contentement, c'étoit avec tant
d'aménité, que ceux même
qui fe les étoient attirées, l'en
aimoient davantage.

On a dû voir par tout ce qui a
été dit, que la nature qui avoit fi
bien traité M. de Montmirail du
côté de la figure, ne lui avoit re-

fufé aucune des qualités de l'efprit. Il réuniffoit un difcernement jufte, une fagacité fingu-
liere, & des connoiffances peu
communes dans tous les genres
de fçavoir. Son amour pour le
travail le faifoit difpofer de fon
temps avec une fage économie,
fans cependant le faire manquer
aux devoirs de la fociété. Il y
paroiffoit fans contrainte ; il en
faifoit l'ornement ; mais, tout
fidele qu'il étoit à ces bienféan-
ces, il ne leur donnoit précifé-
ment que le temps qui leur étoit
dû. Les inftans que lui laiffoient
les fonctions de fes emplois, les
devoirs d'époux, de frere, de
parent & d'ami, étoient confa-
crés aux lettres & aux arts. L'hiftoire naturelle fur-tout fit toujours fes délices ; cette étude lui
tenoit lieu de plaifirs. Ce goût,

qu'il avoit eu dès fa jeuneffe, n'avoit fait que fe fortifier avec l'âge : preuve la plus certaine peut-être, de la jufteffe de fon difcernement & de la folidité de fon efprit. Aucun livre, aucun manufcrit, aucune piéce curieufe concernant cette fcience, n'échappoit à fes recherches. Il faifoit venir, des pays les plus éloignés, des objets rares & peu connus en Europe, pour nous en procurer des defcriptions exactes qui puffent effacer les traits fabuleux fous lefquels des voyageurs infideles, ignorans ou crédules nous les avoient repréfentés. Il n'eft point d'amateur de phyfique qui ne fçache combien M. de Montmirail prenoit d'intérêt à l'excellent ouvrage de MM. de Buffon & d'Aubenton ; combien il fe donnoit de mouvemens

pour contribuer, par ſes con-
ſeils & par ſes ſoins, à la perfection des deſſins, à l'accélération
des gravures & des planches qui
embelliſſent ce monument ſi honorable à la nation. Lié d'une
amitié particuliere avec M. de
Buffon, il ſe paſſoit peu de jours,
lorſque les circonſtances le per-
mettoient, qu'ils ne ſe réuniſſent
pour conférer enſemble ſur des
points de phyſique incertains,
pour en tirer d'autres de l'obſcu-
rité, diſſiper d'anciennes erreurs,
& enfin pour ſe prêter mutuellement des lumieres dont l'éclat
tournoit enſuite à l'avantage du
public. C'eſt ainſi qu'autrefois le
Héros de Macédoine, alliant le
goût de la phyſique à ce génie
militaire qui a produit des ex-
ploits ſi extraordinaires qu'ils pa-
roiſſent incroyables, ſe plaiſoit

à s'entretenir des productions de la nature avec ce philofophe qui a été une des lumieres du monde ; & peut-être l'immortel ouvrage d'Ariftote, en hiftoire naturelle, n'eft-il que le réfultat & le développement des différentes conférences qu'il a eues avec Alexandre.

On peut voir dans l'hiftoire naturelle du Pline moderne combien M. de Montmirail y a fourni de morceaux traduits de l'Italien & de l'Allemand. Comme il entendoit également l'Anglois & l'Efpagnol, tout ce qu'il pouvoit trouver d'intéreffant dans des livres de ces langues, il fe plaifoit à le faire paffer dans la nôtre. Il s'étoit formé une bibliothéque confidérable, particuliérement en voyages, & il a laiffé la collection la plus complette dans ce genre [*a*].

Bien différent de ces avares bibliomanes, qui n'admettent de plaifirs que dans la jouiffance exclufive de leurs livres, M. de Montmirail tenoit fon cabinet ouvert, & communiquoit généreufement les richeffes qu'il renfermoit. Il fuffifoit de s'annoncer auprès de lui en qualité d'homme de lettres & d'artifte pour y trouver, non feulement des fecours littéraires, mais même des lumieres & de la protection.

[*a*] M. le Marquis de Courtanvaux, qui a fuccédé à M. de Montmirail dans la place d'honoraire de l'académie des fciences, a confervé cette bibliothéque précieufe, & il s'attache même à l'enrichir autant qu'il eft poffible. Non moins généreux que fon fils, il communique volontiers fes tréfors littéraires. Je dois ici l'aveu, que fa bienfaifance à cet égard, m'a été d'un grand fecours, & qu'elle mérite toute ma reconnoiffance.

Oserai-je encore ici laisser parler un cœur reconnoissant, &
plein de cet homme aussi sçavant
que vertueux ? Je ne peux me
rappeller, sans être pénétré d'attendrissement, avec quelle bonté
il m'honoroit de ses avis au sujet
de mes Mêlanges ; avec quelle
aménité il combattoit mes opi-
nions, avec quelle solidité il éta-
blissoit les siennes ; avec quelle
complaisance il me permettoit
d'embellir mon ouvrage de différens morceaux [a], sur les-
quels il m'interdisoit tout témoignage public de reconnoissance.
Préférant la satisfaction secrette

---

[b] Voyez le troisiéme volume de ces Mêlanges, *page* 51 & 80. Les morceaux sur le
saiga & *sur l'ivoire fossile* qu'on trouve en
Sibérie, ont été traduits de l'Allemand par
M. de Montmirail, ainsi que plusieurs autres,
& les notes *i* & *l* du même volume.

dè

de mériter des éloges à l'éclat
fastueux de les obtenir, son ame
étoit supérieure à toutes les foi-
blesses de l'amour propre. Ajou-
tons encore à la gloire de M. de
Montmirail, qu'il avoit conçu &
même commencé une entreprise
littéraire qui demanderoit toutes
les connoissances qu'il avoit des
langues de l'Europe, & dont
l'exécution ne pourroit manquer
d'être très-utile. C'est une biblio-
graphie de tous les voyages connus, avec une notice de ce qu'ils
renferment de plus curieux, un
jugement sur leur mérite, sur
le caractere des voyageurs, &
sur la foi qu'on doit à leurs ré-
cits.

Si nous considérons à présent
M. de Montmirail dans l'inté-
rieur de son domestique, dans
sa vie privée, nous verrons le

meilleur des maîtres adoré de
tous ceux qui le fervent. Sa gé-
nérofité fe répand fur eux; l'humanité le guide dans toutes fes
actions. L'intervalle qui le fépare
de ces infortunés, que le fort
deftine à la fervitude, ne l'em-
pêche pas de voir qu'ils font des
hommes; & leurs jours lui de-
viennent précieux. Il avoit une
ménagerie remplie d'animaux
étrangers & curieux : quel que
fût leur prix, fi un d'entre eux
donnoit des marques de méchan-
ceté, il en faifoit auffitôt le fa-
crifice à la fûreté de ceux qui
étoient chargés d'en avoir foin.
Il ne vouloit pas, difoit-il, que
le plaifir de poff'éder des animaux
rares, expofât fes gens au moin-
dre danger.

Sa bienfaifance s'étendoit également au dehors, & ne s'exci-

toit ni par l'oftentation , ni par
la vanité. Son goût pour les arts,
& le defir de ne pas reffembler à
cette foule d'amateurs , qui ne
tirent leur mérite que de la réputation qu'ils ont d'être connoif-
feurs, lui avoient fait apprendre
à deffiner d'un maître habile.
M. de Montmirail eft informé
qu'une maladie longue & cruelle
réduit cet artifte dans une fitua-
tion malheureufe, qu'il eft près
de périr de mifere , il lui fait
paffer auffitôt une fomme qu'il
lui continue tous les mois , en
lui cachant avec foin la main qui
lui rendoit l'exercice de fes talens.

Il eft affez d'exemples que l'o-
pulence n'eft pas toujours l'appa-
nage de la nobleffe; & plus d'un
gentilhomme eft fouvent retenu
dans une impatiente oifiveté par

D ij

la modicité de fa fortune. Dès que M. de Montmirail en découvroit quelques-uns qui fe trouvoient dans ces triftes circonftances, il levoit ces obftacles ; & par fon crédit & par fes fecours, il les mettoit en état d'embrafler une profeſſion attachée à leur naif-fance. Ainſi, la généroſité éclai-rée de ce jeune guerrier multi-plioit les défenſeurs de la patrie, & fçavoit rendre des bienfaits particuliers d'une utilité généra-le. M. le comte de l'Epinaſſe, gentilhomme du voiſinage d'An-cy-le-Franc (a) étoit fouvent chargé de lui faire de ces nobles recrues. Il s'eft cru difpenſé, à la mort de M. de Montmirail,

---

(a) Cette terre, fituée en Bourgogne près de Tonnerre, appartient, ainſi que cette ville & le comté de ce nom, à M. le mar-quis de Courtanvaux.

du secret qu'il lui avoit religieu-
sement gardé pendant sa vie, &
c'est lui qui a rapporté ce fait.

M. de Montmirail étoit si tendrement & si généralement aimé
à Tonnerre, que dès qu'on y ap-
prit sa maladie, les habitans se
portoient en foule aux pieds des
autels pour implorer la miséri-
corde divine, & pour lui demander le rétablissement de la santé
de leur jeune Seigneur. Le corps-
de-ville assistoit tous les jours à
une messe célébrée à la même in-
tention.

On a vu M. de Montmirail ad-
miré, estimé & chéri dans son
enfance, dans sa jeunesse, aux
champs de Mars, dans le sanc-
tuaire des muses, dans cette ca-
pitale & dans la province ; au
sein de la magnificence & des
grandeurs, où l'ambition des

rangs & l'amour des dignités tient
les esprits dans un tourbillon per-
pétuel qui leur laisse à peine ap-
percevoir des talens éminens &
de grandes vertus. A la cour, il
étoit parfaitement connu, & il
étoit aimé. En même temps que
son extrême modestie enchaînoit
l'envie, les agrémens de sa con-
versation le faisoient rechercher
avec empressement; & la sagesse
de sa conduite lui attiroit la plus
haute considération. Comme les
passions n'avoient jamais porté
atteinte à la régularité de ses
mœurs, que sa raison prématu-
rée, son amour pour le travail
& pour tous ses devoirs avoient
toujours conservées dans la plus
grande pureté, lorsqu'il parut à
la cour, il y offrit le spectacle
assez rare d'un courtisan vertueux, sans cesser d'être aima-

ble. Le Roi, qui l'avoit honoré pendant sa vie d'une faveur particuliere, en demanda plusieurs fois des nouvelles pendant sa maladie, & marqua hautement sa sensibilité sur sa mort : témoignage de bonté & de justice qui n'honore pas moins le Monarque que le sujet.

Enfin, ce Seigneur, également favori de Mars, de Minerve & des Graces, cet homme enlevé au printemps de ses jours, avoit fait les délices des autres hommes par-tout où il avoit été connu. Jamais personne de son âge & de son rang mérita-t-il mieux les regrets universels. L'état a perdu par sa mort un citoyen vertueux ; la patrie, un guerrier qui seroit devenu son défenseur ; l'humanité un ami tendre, bienfaisant ; les

lettres, les sciences & les arts,
un protecteur éclairé, constant
& utile.

FIN.